Kaufmann / Lechner

Kraft der Stille

Hans-Günther Kaufmann
Abt Odilo Lechner OSB

Kraft der Stille

Pattloch

Die Deutsche Bibliothek – CIP-Einheitsaufnahme

Kraft der Stille / Hans-Günther Kaufmann ; Odilo Lechner. –
Augsburg : Pattloch, 1994
ISBN 3-629-00090-8
NE: Kaufmann, Hans-Günther; Lechner, Odilo

Gedruckt auf umweltfreundlich chlorfrei gebleichtem Papier.

Pattloch Verlag, Augsburg

Photographie: Hans-Günther Kaufmann mit Leica -Technik
Satz: Gesetzt aus 12/15 P. Novarese von Ruth Bost, Weltbild Verlag Augsburg
Reproduktionen: Fotolito Longo, Frangart bei Bozen
Druck und Bindung: Neue Stalling, Oldenburg
Printed in Germany

ISBN 3-629-00090-8

Inhalt

I.
Abt Odilo Lechner

Die Provokation der Stille
Vom Wesen des Klosters

Seite 7

II.
Hans-Günther Kaufmann

Der Rhythmus der Stille
Bilder eines Lebens in Einfachheit und Freude

Seite 14

III.
Abt Odilo Lechner

Die Dynamik der Stille
Vom Segen des klösterlichen Lebens

Seite 137

Die Provokation der Stille

Vom Wesen des Klosters

Das Rätsel der Stille

Wer aus dem Lärm und der Hetze der Straßen dieser Welt in ein Kloster tritt, empfindet es vielleicht zuallererst als einen Raum geheimnisvoller Stille. Ist diese Stille befreiend oder beklemmend? Der Grazer Schriftsteller Martin Gutl sagt in einem Gedicht:

„Manche fürchten sich.
Sie sind ständig tätig.
Manche fürchten,
die Stille könnte sie stören."

Haben wir Angst vor der Stille? Bedeutet sie nicht das Fehlen von Kommunikation und Tätigkeit, von Leistung und Fortschritt, von Leben schlechthin?
In einem anderen Gedicht, das „Gesegnetes Nichtstun" überschrieben ist, sagt freilich Martin Gutl:

„Im Sterben
wird uns die Stille
als Person begegnen.
Der eine wird sie als vertraut begrüßen,
der andere wird vor ihr erschrecken."

Ist also die Stille mehr als das Fehlen von Geräuschen und Klängen? Ist sie so wichtig, daß es sich lohnt, sich mit ihr vertraut zu machen, sich in sie einzuüben, für sie einen Bau zu errichten wie ein Kloster? Verfehlt der Mensch sich selber, wenn er nicht schweigen kann? Oder liegt gerade in der Flucht vor sich selber der Grund dessen, daß der Mensch nicht schweigen kann, ja es gar nicht will? „Denn wenn er richtig schweigt, kommt er zu sich selbst, und bei sich zu sein, ist ihm unerträglich" (Romano Guardini). Warum also haben Menschen den Lärm der Welt verlassen und Stille und Einsamkeit aufgesucht und Räume der Stille geschaffen?

Der Ruf der Wüste

In der Geschichte des Christentums zeigt sich etwas Erstaunliches. Gerade in der Zeit, da zu Beginn des 4. Jahrhunderts im Römischen Reich das Christentum öffentliche Anerkennung findet und aus einer verfolgten und unterdrückten zu einer die Welt

gestaltenden Religion wird, setzt eine Wanderung der Christen ein: Sie ziehen aus der Welt der Städte in die Wüste, in die Einsamkeit, in die Leere. Der Mönch Antonius (geboren um 250, gestorben 356) ist die große Gestalt eines solchen Anfangs, da er seine mittelägyptische Heimat und sein reiches Erbe verläßt und sich in die thebäische Wüste zurückzieht. In der Wüste bleibt nichts mehr als Gott allein.
Dieser radikale Auszug aus der Welt bleibt das Ideal der Mönche. „Die Stadt ist mir ein Kerker und die Einsamkeit ein Paradies", sagt Hieronymus, für den die Kirche damals zwar größer an Reichtum und Macht, aber ärmer an Tugend dastand. Das wahrhaft christliche Leben, wie es uns als leuchtendes Vorbild in der Apostelgeschichte von der Urkirche geschildert wird und das in der Märtyrerkirche die Bewährungsprobe bis aufs Blut bestanden hatte, schien in den Kompromissen der Großkirche entleert und korrumpiert. Der Anpassung an die verdorbene Welt stellten die Mönche die radikale Suche nach Gott entgegen: „Wer Gott liebt, verläßt alles und geht fort zu Gott" (Basilius). Die Wüste erinnert an die vierzig Tage des Fastens Jesu und an seinen Kampf mit dem Versucher, sie erinnert vor allem an die Wüstenjahre des Volkes Israel als Schule des Bundes und an die Verheißung der Propheten: „Die Wüste, das trockene Land sollen sich freuen, die Steppe soll jubeln und blühen" (Jes 35,1). Diese Verheißung schien nun in Erfüllung zu gehen, da die Mönche die Wüsten aufsuchten und unzugängliche Gebirge und dort in Hütten und Höhlen lebten. Es entstanden Einsiedlerkolonien wie die in Nitrien, wo fünftausend Eremiten in einem losen Verband zusammengeschlossen waren.
So kann dann später Hieronymus jubeln: „O Wüste, blühend in Christi Blumen! O Einsamkeit, dich freuend des Umgangs mit Gott! Der Mönch wirft ab die Last dieser Welt und flieht befreit zum Himmel. Er trägt die Armut: aber Christus nannte ja selig die Armen. Er arbeitet: kein Athlet kommt ohne Schweiß zum Kranze. In kümmert nicht die Speise: der Glaube kennt keinen Hunger. Er schläft auf nacktem Boden, aber Christus ist bei ihm. Ihn schreckt nicht die weite Einsamkeit, er durchwandert ja das Paradies. Er braucht kein Bad, denn in Christus abgewaschen, braucht er ferner Waschung nicht."

Schweigen und Sprechen

Der Mönch in der Wüste, in der Einsamkeit lebt im Geheimnis des Schweigens. Das Geheimnis des Schweigens ist zugleich und zutiefst das Geheimnis des Wortes. So unterscheidet es sich von der bloßen Stummheit und Taubheit, die nicht reden und die nicht vernehmen können. Schweigen kann nur, wer zu sprechen fähig ist. Es schweigt, wer nach einem Wort wieder zu sich zurückkehrt und still wird oder wer auf eine Äußerung verzichtet und still bleibt. Das Schweigen der Mönche ist zuallererst das Hören auf das Wort Gottes, das der Mensch im Lärm der Welt zu überhören versucht ist. Das Wort Gottes ist die Quelle und der begleitende Rahmen, aus der und in dem das Wort des Menschen Kraft und Gewicht empfängt. Seine Antwort an Gott wird so nicht leeres Gerede, sondern kommt aus einer wissenden und fühlenden Stille, in der mehr verborgen ist, als je durch ein Wort ausgedrückt werden kann.
Auch der Einsiedler bedarf noch der zwischenmenschlichen Unterredung, der Stärkung und Vergewisserung. Vor allem der Anfänger bedarf der Weisung, „der Vätersprüche".

In der Stille müssen sie aufgenommen, bedacht und meditiert und in der Tat erprobt werden. Die gesammelten Vätersprüche werden aufgeschrieben und zur Weisheit der Wüste, die allen nachkommenden Generationen der Christenheit hilfreich wird.
Athanasius schreibt das Leben des Antonius als das Leben des vorbildlichen Gottesmannes. Johannes Cassian aus Marseille (gest. um 430) sammelt die Weisung der Mönchsväter des Ostens und stellt sie dem lateinischen Westen vor.
Der Antrieb, Gott allein zu suchen, in ihm Vollendung und Ruhe zu finden und nach der Weisung des Apostels ohne Unterlaß zu beten, blieb in der Geschichte der Kirche immer lebendig. Davon gibt Nikolaus von der Flüe im 15. Jahrhundert Kunde oder der namenlose russische Pilger des 19. Jahrhunderts, dessen „Aufrichtige Erzählungen eines Pilgers" das Jesus-Gebet, den Weg zur Ruhe der Seele, zu ihrer innigsten Vereinigung mit Gott, in unserem Jahrhundert wieder neu bekannt und beliebt gemacht haben.
Im Pilger und im Wandermönche begegnet uns ein Typus der Gottsuche und der Nachfolge Jesu, in dem der Auszug aus der Welt zugleich deutlich macht, daß wir in ihr keine bleibende Stätte haben. Sich von der Welt zu lösen und sich in Gott zu verankern bedeutet, in der Gestalt des Fremdlings zu sein, der wie der Menschensohn nicht über die Höhlen der Füchse und die Nester der Vögel verfügt, der nichts hat, wohin er sein Haupt niederlegen kann.
Dies ist auch das ursprüngliche Ideal der Bettelmönche, deren Klöster nur geliehene Raststätten sein wollen auf dem großen Wanderweg der Armen Christi.

Das gemeinsame Leben

So bestimmend die Gestalt des Eremiten für den Anfang des Möchtums ist und etwa auch noch in der Benediktsregel als ein Ideal für „Vorangeschrittene" erscheint, auch die Wüste und Einsamkeit war doch im Letzten die Suche nach einer neuen Gemeinschaft. Christsein verwirklicht sich ja dort, wo Christus gegenwärtig ist, d.h. wo zwei oder drei in seinem Namen versammelt sind. So erfährt Pachomius in seiner Einsiedlerzelle den Ruf: „Geh und sammle Jünger, lehre auch sie den Weg des Lebens."
So entsteht das Coenobium, das gemeinsame Leben, das Kloster. Gegenüber aller Willkür eigenen Wollens gewinnt die Strenge der Ordnung des Gemeinsamen Bedeutung und Gewicht. Es ist die Ordnung des Arbeitens und Betens, des Essens und Fastens und des Gehorsams.
Mit Basilius tritt dann das Mönchtum in den Bereich der hellenistischen Kultur und Bildung. Basilius betont den inneren Wert der Gemeinschaft, die Darstellung des einen Leibes Christi in den vielen Gliedern. So wird, wie für viele Klosterregeln, die Schilderung der Urgemeinde in der Apostelgeschichte („ein Herz und eine Seele", „sie hatten alles gemeinsam" Apg 4,32) zum Leitmotiv des Zusammenlebens. Die Gemeinschaft aber baut sich ihr Haus, das Kloster. Dieses Haus ist als „Haus Gottes" sinnenfälliger Ausdruck dessen, als was die klösterliche Gemeinschaft sich aufbaut.

Stätte des Bleibens

Besonders für Benedikt von Nursia (gest. nach 547) wird das Kloster zu einer Stätte des Bleibens. Er sieht im Mönchtum seiner Zeit, in der Unruhe der Völkerwanderung, viel Unbeständigkeit und Wildwuchs. Er verabscheut die Mönche des unsteten Umherwandelns, die ihren Launen und Gelüsten folgen – „immer umherschweifend, niemals beständig". Darum will er, daß seine Mönche, wenn sie nach eingehender Prüfung in einem Kloster das Mönchsleben als ihren Weg erkannt haben, Stabilität versprechen, Beständigkeit und Treue zu ihrer klösterlichen Gemeinschaft. Das Kloster ist als ein Zeichen aufgerichtet gegen alle Unruhe des Herzens, gegen all unsere Tendenzen, den jeweiligen Schwierigkeiten zu entfliehen, Orte und Umgebung zu wechseln.

Auch für uns gilt: je mehr wir in unserer Gesellschaft so viele Möglichkeiten vor uns haben, je weniger uns äußerer Rahmen und Brauch Halt geben, desto mehr bedürfen wir der Festigkeit, die aus freiwilliger Bindung kommt. Gregor der Große berichtet von einem Einsiedler, der sich selbst an eine eiserne Kette legte, um an seinem Platz auszuharren. Benedikt läßt ihm durch einen Schüler ausrichten: „Wenn du ganz Gott gehörst, dann sollte dich nicht eine eiserne Kette, sondern die Kette Christi halten." Auf dieses Wort hin legte der Einsiedler die Kette ab und überschritt trotzdem nie die Grenze, die er sich selbst gesetzt hatte.

Benedikt will mit seiner Ordnung zur Stabilität, zur inneren Festigkeit aus Freiheit führen. Ziel ist es – so legt etwa das grundlegende Kapitel über die Demut dar –, daß der Mönch aus Liebe und nicht mehr aus Furcht handelt, daß das Gute nicht mehr äußere Pflicht, sondern innere Natur wird. Dazu bedarf es freilich der Übung in der „Werkstatt" des Klosters. Es bedarf des Verzichts auf das Viele, das wir wünschen und begehren und der Konzentration auf den einen Willen Gottes. Gerade durch das Ausharren der Mönche an einem bestimmten Ort werden die Klöster zum Zeichen des Bleibenden, der Kontinuität des einen Wortes Gottes durch allen Wandel der Zeiten und Kulturen hindurch.

Verkündigung aus der Stille

Schon früh hat man die Gründung Montecassinos durch Benedikt (529) in Beziehung gesetzt zu der gleichzeitigen endgültigen Schließung der Athener Akademie: die antike Bildung geht zu Ende, eine Schule für die Zukunft entsteht. Gewiß hat Benedikt kein Bildungsprogramm entworfen, wie es eher im gelehrten Kloster Cassiodors (gest. um 583) beheimatet sein mochte, doch erwies sich Benedikts „Schule des Herrendienstes" nicht nur als eine Schule für die Mönche, sondern auch für das Umland des Klosters. Der österreichische Schriftsteller Hermann Bahr hat wohl recht, wenn er sagt: „Wir lernten (von den Benediktinern) Sitten, Hausgebrauch und Lebensform."

Von den Klöstern des frühen Mittelalters strömten Bildung und Kultur ins Land. Wichtiger Raum im Kloster ist die Bibliothek und bald auch die Schule, weil Kinder, wie schon Maurus und Placidus dem heiligen Benedikt, den Klöstern zur Erziehung anvertraut wurden. In der entsagungsvollen und mühsamen Forschung sah man immer wieder eine benediktische Aufgabe wie zu Beginn der Neuzeit die berühmten

Mauriner in Frankreich, deren Generalabt Tarrisse (1630–48) in Unwissenheit und Halbbildung die größte Gefahr für das monastische Leben erblickte und deshalb die patristischen Studien mit allen Kräften forderte.
In der Stille des Klosters erwächst so eine Tradition der Bildung, vor allem aber die Weitergabe der einen entscheidenden Weisheit, der des Evangeliums. Schon Benedikt wird in der Einsamkeit von Subiaco von den Hirten aufgesucht und gibt ihnen das Brot geistlicher Lehre. In Montecassino bekehrt er die Menschen, die an die Stätte des alten heidnischen Heiligtums kommen. Unterhalb seiner Grotte in Subiaco ist auf eine Tafel geschrieben: „Hier hat der heilige Benedikt, indem er die Hirten lehrte, Apostelarbeit mit dem Einsiedlerleben verbunden. Das ist der zweifache Weg, den dann unzählige seiner Söhne beschreiten sollten." Gregor der Große sandte den Mönch Augustinus nach England und weihte Mönche zu Priestern und Bischöfen, stellte die Klöster in den Sendungsauftrag der Kirche.
Unter den vielen Glaubensboten unserer Heimat sei nur auf Bonifatius, den Apostel der Deutschen (gest. 754), hingewiesen, mit dem viele angelsächsische Nonnen und Mönche aufs Festland kamen und von neu gegründeten Klöstern aus das Evangelium verbreiteten. Der Lebensbeschreiber eines anderen Benediktinermissionars, des heiligen Ansgar, des Apostels des Nordens (gest. 865), brachte diese Verbindung von Mönchtum und Apostolat auf die Formel: intus monachus, foris apostolus – im Innern ganz Mönch, nach außen ganz Apostel.
Von vornherein auf solche Verbindung von Seelsorge und Mönchtum waren die alten Bischofsklöster angelegt. Für das gemeinsame Leben, vor allem von Priestern, wurde zumeist die Regel des heiligen Augustinus maßgebend. Besonders in der Kirchenreform des 12. Jahrhunderts taten sich viele Chorherrenstifte hervor, die dieser Regel folgten. So gründete Norbert von Xanten, der gewaltige Buß- und Wanderprediger, in der Einsamkeit von Prémontré ein Kloster, das zur Wiege der sich rasch verbreitenden Prämonstratenser wurde. Auch in der Anlage dieser Klöster zeigt sich die Spannung zwischen Kontemplation und Aktion, zwischen Gebet und gelehrter Arbeit, zwischen Schweigen und Verkündigen, zwischen Einatmen und Ausatmen.

Entfaltung und Neuanfang

Auch die Klöster stehen im Wandlungsprozeß der Geschichte. Am Anfang stehen harte Ausschließlichkeit und Radikalität der Gründung, Kargheit und Strenge. Solcher Anfang kann begeistern und viele anziehen, auch die Umwelt beeindrucken und beeinflussen. Das Kloster beginnt sich zu entfalten in seinen Tätigkeiten und in seinen Bauten. Gottesdienst und klösterliche Riten werden kunstreich ausgestaltet. Für viele Dienste in Kirche und Gesellschaft wird das Kloster in Anspruch genommen. Nachdem sich im 8. Jahrhundert in immer mehr Klöstern die Benediktsregel durchgesetzt hatte und im karolingischen Reich zur geltenden Regel schlechthin geworden war, folgte im 9. Jahrhundert ein allgemeiner Niedergang des klösterlichen Lebens.
Mit der Schenkung des Klosters Cluny an den strengen Abt Berno von Baume beginnt ein neuer Ansatz eines regeltreuen Lebens. Unter Abt Odo wird Cluny das Mutterkloster einer Reform, die durch zwei Jahrhunderte hindurch von großem Einfluß auf Kirche und Reich werden sollte. Er wollte den Geist ständigen Gebets

in Cluny heimisch machen und legte darum auch auf das Schweigen besonderen Wert.
Unter den Nachfolgern des Abtes Odo werden immer mehr Klöster von Cluny abhängig, die Kirche von Cluny wird zur größten des Abendlandes. Cluny wird zur treibenden Kraft der Reformbewegung in der Kirche und auch der Bemühungen um den „Gottesfrieden", der die Streitigkeiten der Adeligen eindämmen sollte. Der große Reformpapst Gregor VII. spricht in einer Rede von 1080 davon, daß Cluny unter heiligen Äbten zu einer solchen Größe und Heiligkeit gelangt sei, daß es alle Klöster jenseits der Alpen im Eifer für den Dienst Gottes übertreffe. Es schien der Mittelpunkt der damaligen Welt zu sein. Wie sehr aber eine Veräußerlichung eingetreten war, zeigte sich bei den Wirren, die im 12. Jahrhundert unter dem unsteten Abt Pontius ausbrachen.
Inzwischen war Cîteaux erstanden, das Reformkloster, das auch ein Protest war gegen das reiche Cluny und seine Verflochtenheit in die Welt, das zurück zur Reinheit und zum Buchstaben der Regel wollte. Äußerste Einfachheit war nun das Motto und armselig die Lebensweise. Die Mönche sollten wieder von dem leben, was sie selbst erarbeiteten. „Das Kloster gehört in die Wildnis." Am wortgewaltigsten geißelte Bernhard von Clairvaux, was sich in den Cluniazenserklöstern an Überflüssigem befand: „Die Kirche glänzt in ihren Gemälden und hungert in den Armen." Aber im Lauf der Zeit entfalteten auch die Zisterzienser reiche Kulturtätigkeit und lassen ihre Kirchen aufs Schönste ausgestalten.
1664 gründete de Rancé das Kloster La Trappe, das sich dem Geist der alten Zisterzienser und einer besonder strengen Form des Stillschweigens verpflichtet wußte.
Auch in der Geschichte fast jeden einzelnen Klosters finden wir Phasen der Rückbesinnung auf den Ursprung, der Strenge und der Kargheit, und Phasen einer Entfaltung nach außen, größeren Einflusses auf die Welt und umgekehrt von der Welt auf das Kloster.

Der Archetyp „Mönch"

Das Klosterwesen hat immer wieder auch Widerspruch gefunden. Aus religiösen Gründen, wie von Seiten der Reformation, weil es „eitel unchristlich, ungläubisch, jüdisch, heidnisch Wesen" (Martin Luther) verkörpert, insofern es auf das eigene Werk und nicht allein auf die Gnade, auf die Heilstat Christi vertraut. Aus rationalistischen Gründen, wie von Seiten der Aufklärung, die im Klosterleben nichts Nützliches, sondern nur der Entwicklung der menschlichen Gesellschaft Feindliches entdecken kann. Und doch hat man schon bald nach der Aufhebung aller Klöster in der Säkularisation wieder erkannt, wie nützlich Klöster für die Gesellschaft sein können etwa durch ihre pädagogische und karitative Tätigkeit, aber noch mehr, wie unentbehrlich sie für die Kirche und die Christenheit als Zeichen radikaler Gottsuche und Christusnachfolge sind. So entstehen in den Kirchen der Reformation gerade in unserem Jahrhundert neue Kommunitäten und Klöster, die den Versuch unternehmen, „etwas vom Leben der christlichen Urgemeinde neu zu leben", so Roger Schutz über Taizé.

Mönchtum finden wir freilich in fast allen Religionen der Erde. Raimon Pannikar, der indisch-spanische Religionswissenschaftler, spricht in seinem Buch „Den Mönch in sich entdecken" vom universalen Archetyp Mönch. Er meint, in jedem Menschen lebe die Sehnsucht nach Einheit und darum auch nach einer Einfalt des Lebens, die die verwirrende Vielheit und Widersprüchlichkeit der Welt überwindet. Er spricht von zwei Grundhaltungen des Menschen, der, alle Wirklichkeit auf eine Einheit zurückzuführen, und der, die Wirklichkeit als Vielheit unvereinbarer Elemente zu erfahren. Die Mönche geben der einen Tendenz, der Sehnsucht nach Einheit, Ausdruck. Sie suchen den einen Sinn des Lebens, das eine Notwendige, und wollen das Viele hinter sich lassen.

Sie wären freilich im Irrtum, wenn sie ihre eigene Welt für die ganze Welt hielten und um der seligen Einfalt willen die Vielfalt der Wirklichkeit verkürzen, vergessen, verdrängen wollten. Darum brauchen sie das Gespräch, die Verbindung mit den Menschen, die von der Vielgestaltigkeit der Welt bestimmt sind. Freilich müßten diese, wenn sie die Suche nach einer letzten Einheit gänzlich aufgäben, an der Vielfalt und Gespaltenheit ihrer Welt zerbrechen. Darum müssen auch sie die andere Seite in ihrem Wesen, den Mönch in sich, entdecken. Hierin wurzelt wohl die geheimnisvolle Anziehungskraft der geschlossenen Welt eines Klosters oder der Schlichtheit des Chorals auf viele Menschen, die mitten in den Geschäften der Welt stehen.

Darum hat sich auch bei uns im Westen das, was in buddhistischen Klöstern immer schon Übung war, als neue Einrichtung immer mehr bewährt, daß Menschen für eine Zeit im Kloster weilen, „Kloster auf Zeit" machen. In der Begegnung mit dem Kloster entdecken sie den Mönch in sich, ihr Streben nach Einheit. In der Begegnung mit ihnen nehmen die Mönche Wirklichkeit in ihrer Vielfalt in sich auf, so daß ihre Suche nach Einheit, nach Gott, nicht leere Form ist, sondern von Wirklichkeit erfüllt wird.

Im Anfang war das Wort. *Joh 1,1*

In der Wüste brechen Quellen hervor. *Jes 35,6*

Was kein Auge gesehen und kein Ohr gehört hat, hat Gott denen bereitet, die ihn lieben. 1 *Kor* 2,9

Herr, wer darf wohnen in deinem Zelt, wer darf weilen auf deinem heiligen Berg? Ps 15,1

Das Kloster soll, wenn möglich, so angelegt werden, daβ sich alles Notwendige, nämlich Wasser, Mühle, Garten, innerhalb des Klosters befindet ... So brauchen die Mönche nicht drauβen herumzulaufen, denn das ist für sie überhaupt nicht gut. *Benediktsregel*

Die Werkstatt aber, in der wir das alles verwirklichen sollen, ist der Bereich des Klosters und die Beständigkeit in der Gemeinschaft. *Benediktsregel*

Das Haus Gottes soll von Weisen auch weise verwaltet werden. *Benediktsregel*

Schon stehen wir in deinen Toren, Jerusalem. Ps 122,2

Öffnen wir unsere Augen dem göttlichen Licht, und hören wir mit aufgeschrecktem Ohr, wozu uns die Stimme Gottes täglich mahnt ... *Benediktsregel*

Immer müssen sich die Mönche mit Eifer um das Schweigen bemühen. *Benediktsregel*

Auch in der Nacht laßt uns aufstehen, um ihn zu preisen. *Benediktsregel*

Kommt einer und will das klösterliche Leben beginnen, werde ihm der Eintritt nicht leicht gewährt, sondern man richte sich nach dem Wort des Apostels: „Prüft die Geister, ob sie aus Gott sind." *Benediktsregel*

Heute, wenn ihr seine Stimme hört, verhärtet eure Herzen nicht. Ps 95,8

Wer darf hinaufziehn zum Berg des Herrn, wer darf stehn an seiner heiligen Stätte? Der reine Hände hat und ein lauteres Herz, der nicht betrügt und keinen Meineid schwört. Ps 24,3-4

Es gelte, was der Prophet sagt: „Siebenmal am Tag singe ich dein Lob." *Benediktsregel*

Dem Gottesdienst soll nichts vorgezogen werden. *Benediktsregel*

Festhalten „an der Lehre der Apostel und an der Gemeinschaft, am Brechen des Brotes und an den Gebeten“. *Apg 2,42*

Nicht uns, o Herr, nicht uns, sondern deinen Namen bring zu Ehren. Ps 115,1

Jetzt müssen wir laufen und tun, was uns für die Ewigkeit nützt. *Benediktsregel*

Wenn du also zum himmlischen Vaterland eilst, wer immer du bist, nimm diese einfache Regel als Anfang und erfülle sie mit der Hilfe Christi. *Benediktsregel*

Sich dem Treiben der Welt entziehen. Der Liebe zu Christus nichts vorziehen. *Benediktsregel*

Vor allem darf niemals das Laster des Murrens aufkommen, in keinem Wort und keiner Andeutung. *Benediktsregel*

… sie wissen vielmehr, daß das Gute in ihnen nicht durch eigenes Können, sondern durch den Herrn geschieht. *Benediktsregel*

Darum wollen wir uns seiner Unterweisung niemals entziehen und in seiner Lehre im Kloster ausharren bis zum Tod. *Benediktsregel*

Zwar lesen wir, Wein passe überhaupt nicht für Mönche. Aber weil sich die Mönche heutzutage nicht davon überzeugen lassen, sollten wir uns wenigstens darauf einigen, nicht bis zum Übermaß zu trinken. *Benediktsregel*

Meine Zuflucht bist du, mein Anteil im Land der Lebenden. Ps 142,6

Müßiggang ist der Seele Feind. Deshalb sollen sie zu bestimmten Zeiten mit Handarbeit und zu bestimmten Zeiten mit heiliger Lesung beschäftigt sein. *Benediktsregel*

Arme bewirten. *Benediktsregel*

... und fliehe nicht vom Weg des Heils; er kann am Anfang nicht anders sein als enge. *Benediktsregel*

Noch ist Zeit, noch sind wir in diesem Leib, noch läßt das Licht des Lebens uns Zeit, all das zu erfüllen. *Benediktsregel*

… als die Stürme tobten und an dem Haus rüttelten, da stürzte es nicht ein; denn es war auf Fels gebaut. Mt 7,25

...Wohnen zu dürfen im Haus des Herrn alle Tage meines Lebens ... Ps 27,4

Auf das Zeichen hin sollen sie ohne Zögern aufstehen und sich beeilen, einander zum Gottesdienst zuvorzukommen, jedoch mit allem Ernst und mit Bescheidenheit. *Benediktsregel*

… der trete hin und bete, nicht mit lauter Stimme, sondern unter Tränen und mit wacher Aufmerksamkeit des Herzens. *Benediktsregel*

... daβ jede Woche der ganze Psalter mit den 150 Psalmen gesungen wird ... *Benediktsregel*

Mit geistlicher Sehnsucht und Freude ... *Benediktsregel*

Keiner werde vom Küchendienst ausgenommen, es sei denn, er wäre krank oder durch eine dringende Angelegenheit beansprucht. *Benediktsregel*

Was sie aber beim Essen und Trinken brauchen, sollen sie einander so reichen, daß keiner um etwas bitten muß. *Benediktsregel*

Durch Selbsterhöhung steigen wir hinab und durch Demut hinauf. *Benediktsregel*

Der Schwätzer hat keine Richtung auf Erden. Ps 140,12

Wir wollen also eine Schule für den Dienst des Herrn einrichten. *Benediktsregel*

Aus dem Mund der Kinder und Unmündigen hast du dir Lob bereitet. Ps 8,3

Nicht stolz sein, nicht trunksüchtig, nicht gefräßig, nicht schlafsüchtig, nicht faul sein. Nicht murren. *Benediktsregel*

Wer aber im klösterlichen Leben und im Glauben fortschreitet, dem wird das Herz weit, und er läuft in unsagbarem Glück der Liebe den Weg der Gebote Gottes. *Benediktsregel*

So geschieht, was geschrieben steht: „Kommt einander in gegenseitiger Achtung zuvor.“ *Benediktsregel*

Alle Fremden, die kommen, sollen aufgenommen werden wie Christus. *Benediktsregel*

Sucht zuerst das Reich Gottes und seine Gerechtigkeit, und dies alles wird euch dazugegeben. Mt 6,33

Bei dieser Gründung hoffen wir, nichts Hartes und nichts Schweres festzulegen. *Benediktsregel*

Die Jüngeren sollen die Älteren ehren, die Älteren die Jüngeren lieben. *Benediktsregel*

Seht euch die Vögel des Himmels an: Sie säen nicht, sie ernten nicht und sammeln keine Vorräte in Scheunen. Mt 6,26

Niemand soll verwirrt und traurig werden im Hause Gottes. *Benediktsregel*

Sie leben nicht nach eigenem Gutdünken, gehorchen nicht ihren Lüsten und Begierden, sondern gehen ihren Weg nach der Entscheidung und dem Befehl eines anderen. *Benediktsregel*

Besser sich zu bergen beim Herrn, als auf Menschen zu bauen. Ps 118,8

Nehmen wir uns deshalb vor jeder bösen Begierde in acht; denn der Tod steht an der Schwelle der Lust. *Benediktsregel*

... nicht mehr aus Furcht vor der Hölle, sondern aus Liebe zu Christus ... *Benediktsregel*

Zu dir riefen sie und wurden befreit. Ps 22,6

Christus, du Sonne unsres Heils, vertreib in uns die dunkle Nacht. *Hymnus, 6. Jh.*

Siehe das Gesetz, unter dem du dienen willst; wenn du es beobachten kannst, tritt ein, wenn du aber nicht kannst, geh in Freiheit fort. *Benediktsregel*

Alle schlafen – wenn möglich – in einem Raum. *Benediktsregel*

Christus sollen sie überhaupt nichts vorziehen. *Benediktsregel*

So kehrst du durch die Mühe des Gehorsams zu dem zurück, den du durch die Trägheit des Ungehorsams verlassen hast. *Benediktsregel*

Die Dynamik der Stille

Vom Segen des klösterlichen Lebens

Der Segen der Nacht

Der Tag des Klosters beginnt in der Nacht, noch vor dem Morgengrauen. Auch die Nacht ist Zeit des Heils.
Johannes vom Kreuz, der mit der großen Teresa von Avila im 16. Jahrhundert die Klöster des Karmel auf ihre kontemplative Lebensform hin reformierte, dichtet in einem „Lied der Seele, die feiert, daß sie Gott durch den Glauben erkennt“: „Wie gut weiß ich den Quell, der fließt und strömt: auch wenn es Nacht ist!“ Und von dieser ewigen Quelle, von diesem lebendigen Brot, von diesem Wasser, das tränkt und sättigt im Dunkeln, heißt es immer wieder „ auch wenn es Nacht ist“. So endet jeder der zwölf Verse dieses Liedes.
Die dunkle Nacht (noche oscura) oder die Leere (vacío) bezeichnen den Raum, in dem die Suche nach dem geliebten Gott führt und wo man niemandem mehr begegnet und nichts mehr findet und in dem dann doch, da nichts Eigenes mehr den Blick verstellt, Begegnung mit dem Anderen, Begegnung mit Gott möglich wird. Das Innere wird eine „leere, dunkle Höhle“. Gott kann in seinem Anderssein um so mehr geliebt werden, je dunkler und umfassender die Nacht wird. „In der Ruhe und Stille der Nacht und in der Einsicht, die das göttliche Licht gewährt, gelingt es der Seele, in der Verschiedenheit aller Geschöpfe und aller göttlichen Werke ein wunderbares Aufeinander-Hinordnen und Gliedern der Weisheit zu sehen.“ Diese Ausrichtung jeder einzelnen Stimme auf Gott hin, dieses Singen von dem, was Gott in jedem ist, erscheint der Seele „wie eine Harmonie intensivster Musik“. Es ist ein „ruhiges und müßiges Begreifen ohne Stimmengeräusch“. Die Seele genießt die Zärtlichkeit der Musik und die Müßigkeit der Stille, „die rauschende Einsamkeit“, in der sich der Geliebte verbirgt. In tiefstem Schweigen offenbart sich die lauterste Musik.
Die große Karmelitin und Philosophin unseres Jahrhunderts, Edith Stein, greift die Erfahrung des Johannes vom Kreuz auf: „Darum muß man, um zu Gott zu gelangen, vielmehr dahin trachten, nicht zu verstehen, als verstehen zu wollen, eher blind werden und sich in Finsternis versetzen, als die Augen öffnen.“
Edith Stein kann darum über die Einsamkeit und die Entbehrung im Kloster schreiben: „Über die Frage, wie ich mich an die Einsamkeit gewöhnt hätte, mußte ich ein wenig lächeln. Ich bin die meiste Zeit meines Lebens viel einsamer gewesen als hier. Ich vermisse nichts, was draußen ist, und habe alles, was ich draußen vermißte, so daß ich nur immer für die ganz unverdiente, übergroße Gnade der Berufung danken muß.“

Der Dienst des Wachens

Wachend soll der Mönch den Morgen erwarten. Kloster ist Wache, die auf den Tag des Herrn wartet, die seiner Wiederkunft entgegenharrt. Die Schweizer Benediktinerin Silja Walter sagt in einem Gedicht:

„Jemand muß nach dir Ausschau halten,
Tag und Nacht.
Wer weiß denn, wann du kommst …
Wachen ist unser Dienst,
Wachen.“

Das Wachen und Harren ist Schweigen und Hören, Hören auf die Stimme Gottes, die zu uns spricht. Benedikt, dessen Regel mit den Worten „Horche, neige das Ohr deines Herzens“ beginnt, will in seinem Kloster eine Schule des Hörens errichten, in der man sich übt, auf die Stimme des geliebten Herrn zu hören, die uns einlädt und die das Beglückendste des Lebens ist. So erwartet der Mönch den werdenen Tag in der Nachtwache, in den Vigilien. Er betet und ruft und schreit, nicht mit den eigenen Worten, sondern mit dem Wort, das Gott ihm vor allem in den Psalmen gibt. Und doch sagt der Mönch dieses Wort mit der je eigenen Tönung und Prägung seiner Seele, aus der je eigenen Sehnsucht und Not seines Herzens. Im Beten der Psalmen nimmt er die Grundmelodie der Geschichte des Gottesvolkes auf, seiner Erwählung, seines Murrens und Versagens, seines Wanderns durch die Wüste und der immer neuen Speisung, Tränkung und Befreiung.

Das Lob des Morgens

Der Mönch ist für den Tag bereitet. Für die meisten Menschen ist Morgen, wenn das Tageslicht ins Zimmer scheint, wenn der Radiowecker aufwachen läßt oder die Stimmen der Umgebung anzeigen, daß es Tag geworden ist. Dann gilt es, rasch den Morgen, den schon begonnenen Tag einzuholen. Die Anforderungen des Ankleidens und Frühstückens, der Fahrt zur Arbeitsstätte, die Sorgen und Pflichten, die Informationen aus Radio und Zeitung überfallen uns von allen Seiten. Gegen einen solchen Morgen sträubt sich eher unsere Seele. Es ist zuviel, was uns da überfällt, zu laut und zu grell. Wir lassen uns nur widerwillig darauf ein und würden lieber nochmals die Augen davor schließen.
Wie anders ist das Lob des Morgens im Kloster. Das Licht des Morgens erfüllt den Raum, in dem der Mensch gewartet, gebetet, sich bereitet hat. Es trifft auf das Auge, das vielleicht auch noch müde ist und doch schon voll Sehnsucht. Darum ist es beglückende Verheißung. Darum ist der neue Tag ein Geschenk, ist Gnade und wunderbar. Darum kann der Mensch loben und darum wird er im Loben, eingeübt ins Danken und Preisen, das Gute und Wunderbare des neuen Tages wahrzunehmen.
In diesem anbrechenden Tag erspürt er das Ja Gottes zu seiner Schöpfung, das Ja Gottes zu ihm selbst. Und so kann er ein frohes Ja sagen zu diesem Tag, bewußt in ihn hineingehen und den Schöpfer des Tages preisen in den Lobpsalmen der Laudes,

im Benediktus, dem Lied des Zacharias bei der Geburt des Täufers: „Gepriesen bist Du, Herr, Gott Israels."
Welch ein Segen liegt in solchem Morgen! Das gute Wort Gottes ist Segen und bewirkt Gutes in dem, der es aufnimmt und der antwortend dem guten Gott Gutes sagt und seinen Segen weitergibt.

Die schöne Antwort

Das Schweigen ermöglicht das Hören des guten Segenswortes Gottes. Und so erwächst die Antwort des Menschen, der das Wort Gottes gehört, der den Geist Gottes empfangen hat. Im Hymnus zur Terz, der dritten Tagesstunde, da wir um das neue Pfingsten, die erneute Geistsendung bitten, heißt es in der zweiten Strophe: os, lingua, mens, sensus, vigor confessionem personent – Mund, Zunge, Geist, Sinn, Kraft sollen Lobpreis und Bekenntnis Gottes ertönen lassen. So werden alle Kräfte des Menschen und all seine Tätigkeit Verherrlichung Gottes . Das Leben und die Welt des Mönches gewinnen Gestalt. Das Schöpfungswort Gottes hat ja nicht eine fertige Welt hingestellt, sondern läßt sie aus nichts entspringen, sich entwickeln, sich entfalten, auch durch die Mitgestaltung von seiten des Menschen. Dem Menschen ist die Schöpfung übergeben. Gott setzt den Menschen „in den Garten von Eden, damit er ihn bebaue und hüte" (Gen 2,15). Er benennt die Wesen und gibt der ganzen Schöpfung Stimme im Lobpreis Gottes.
In einer Welt freilich, die im Zeichen des Abfalls und Verfalls steht, entspringt dem Glauben an das von neuem wirkende Wort Gottes auch neuer Anfang von Hoffnung. Das Kloster will solch ein Anfang sein, ein kleines Stück Erde, das aus dem Glauben gestaltet wird, das aus neuer Hoffnung lebt. Kardinal Newman hat einst in einer seiner historischen Skizzen dem heiligen Benedikt als unterscheidendes Merkmal das Element des Künstlerischen, des Dichterischen zugeschrieben. Die Antwort des Menschen auf das gute Schöpferwort ist die Gesamtgestalt eines Lebens, einer Gemeinschaft, eines Stücks Erde in Schönheit. Es ist die Schönheit des Lobpreisens in Wort und in Musik, aber auch die Schönheit der Räume, der Mauern und Türme, der Bilder und Formen, es ist die Schönheit des Gartens, der bebauten und gepflegen Erde. Hier lebt die Erinnerung an den Ursprung, an das Paradies, an den Garten Eden und die Verheißung einer neuen Erde. Hier lebt die Erinnerung an die Gegenwart Gottes im Tempel, in der heiligen Stadt Jerusalem und die Verheißung jener Stadt, die vom Himmel herabsteigt. In den großen Klöstern des Mittelalters, beispielhaft in der Ordnung des St. Gallener Klosterplans niedergelegt, spüren wir solch ein Bild der Stadt Gottes.
Gerade die benediktinische Tradition der stabilitas, des Bleibens an einem Ort, ließ beharrlich einen Raum dieser Welt schön gestalten. Die Schönheit einer solchen Stätte kann darum trotz aller Vergänglichkeit und Bedrohnis dankende Antwort auf das Schöpferwort Gottes sein.
So wird die Ordnung des Essens, die den Stil einer Feier hat, so wird das Refektorium, der als Festsaal gestaltete Speiseraum, zum Vorausbild der mensa coelestis und der coena vitae aeternae, der himmlischen Tafel und des Mahls des ewigen Lebens, wie der Segensspruch vor dem Essen ausdrückt.

Gesegnetes Werk

Leistung, Erfolg, Selbstbestätigung und Ansehen durch Arbeit sind keine Werte der monastischen Tradition. Und doch spielt die Arbeit im Kloster eine wichtige Rolle. Die Handarbeit wurde durch die Mönche geadelt, aus einem Dienst der Sklaven zu einem Werk der von Christus Befreiten. Die Arbeit der Mönche wurde Modell für das werdende Europa. Sie hat in den Klöstern bleibende Spuren hinterlassen, in den Bauten und Anlagen, in den Erzeugnissen der Hand und des Geistes, in der kulturellen Prägung des Umlands.
Aber diese Arbeit war nie Selbstzweck, sondern stand immer im Dienst eines Höheren. „Ut in omnibus glorificetur deus – daß in allem Gott verherrlicht werde.“ Dieses Leitmotiv formuliert Benedikt am Ende seines Kapitels über die Handwerker im Kloster, wenn er davon spricht, daß die Produkte ohne Habgier und eher etwas billiger als sonst verkauft werden sollen. In diesem 57. Kapitel spricht er auch davon, daß Handwerker zwar ihr Wissen und Können im Kloster einbringen sollen, daß aber jeder, der sich darauf etwas einbildet, von dieser seiner Tätigkeit entfernt werden soll. Er würde ja dann gerade das Ziel des monastischen Weges verfehlen, in Demut Gott näher zu kommen. Nein, die Arbeit bleibt für Benedikt ganz dem Ziel des Menschseins untergeordnet.
Schädlich für die Seele des Menschen ist der Müßiggang. So begründet Benedikt im 48. Kapitel, warum die Mönche zu bestimmten Zeiten mit Handarbeit und zu bestimmten Zeiten mit heiliger Lesung beschäftigt sein sollen. Arbeit ist heilsam für die Seele, aber auch natürliche Notwendigkeit. Die Mönche sind dann wirklich Mönche, wenn sie wie die Apostel von der Arbeit ihrer Hände leben. Freisein für Gott ist nicht ein Abheben von der irdischen Wirklichkeit, sondern besteht in der rechten Ordnung der irdischen Zeit, im rechten Verhältnis von Gebet, Lesung und Arbeit. Das Ziel dieses Freiwerdens für Gott verhindert den Müßiggang, aber auch das Aufgehen in Arbeit und die Bedrückung durch ihre zu große Last. Die Arbeit, auch die nicht den eigenen Wünschen entspringende, auch die mühsame und harte, wird so nicht zu etwas dem Menschen Fremden, von außen Auferlegten, sie kann als Auftrag innerlich bejaht, als sinnvoll erfahren werden. Die Arbeit, auf das umfassende und höchste Ziel der Verherrlichung Gottes bezogen, entfremdet den Menschen nicht sich selber, sondern führt ihn zu sich im Angesicht Gottes.

Vom Segen des Maßhaltens

Die Regel Benedikts zeichnet sich nach Gregor dem Großen durch discretio, durch die Gabe des Unterscheidens und des Maßhaltens aus. Die Suche nach Gott, nach dem Unendlichen, wird auf dem irdischen Weg, in der Welt der Endlichkeit zur Suche nach dem rechten Maß. Keines der irdischen Dinge, keine der menschlichen Tätigkeiten soll ein Übergewicht bekommen. Alles im Leben der Gemeinschaft, das Essen und Schlafen, das Beten und Arbeiten, gemeinsamer Besitz und Bedürfnis des Einzelnen, soll in der Hinordnung auf den Unendlichen jeweils seinen ihm gemäßen Platz finden. Dieses rechte Maß drückt sich auch im Gebäude des Klosters aus. Es spiegelt die Bereiche der Gemeinschaft und ihre Einheit als Leib Christi wider, als die eine Familie,

als das eine Haus Gottes. Für diese Einheit beruft sich Benedikt auf Paulus: „Ob Sklave oder Freier, in Christus sind wir alle eins, und unter dem einen Herrn tragen wir die Last des gleichen Dienstes." (Gal 3, 28; Röm 2,11)
Aber zugleich weiß Benedikt um die Verschiedenartigkeit der Menschen, ihrer Charaktere und ihrer Fähigkeiten. Zwar haben die Mönche nach dem Vorbild der Urgemeinde alles gemeinsam, und keiner darf etwas für sich allein sein eigen nennen, aber doch sollen nicht alle etwa das Gleiche erhalten, sondern jeder jeweils das, was er nötig hat. So gilt es, auf die Schwächeren Rücksicht zu nehmen. Die Starken sollen angezogen werden und im Kloster finden, was sie erstreben, die Schwächeren sollen nicht abgeschreckt und traurig werden. So werden alle im Frieden sein. Die Suche nach dem rechten Maß will Benedikt nie abgeschlossen wissen. Zeit, Ort und die konkreten Menschen erfordern ein immer neues Abwägen.

Die Weite des Klosters – Gastfreundschaft

Das Kloster ist ein eigener, vor anderen geschützter, dem Herrn geweihter Bereich, in den nicht ohne weiteres etwas aus der Welt eindringen soll –, so daß Benedikt die von einer Reise heimkehrenden Mönche davor warnt, von ihren Erlebnissen draußen zu erzählen. Trotzdem sind doch die Anderen, die Fremden nicht von der Aufmerksamkeit des Klostern ausgegrenzt. Der Fremde wird als Gast in das Kloster aufgenommen – der Gastfreundschaft widmet Benedikt eines der schönsten Kapitel der Regel (53). Es geht dabei darum, den Fremden aufzunehmen in den eigenen Bereich der Gottsuche – ohne ihm seine Eigenart zu nehmen und ihn etwa zum Mönch zu machen. So soll der Obere sogar das klösterliche Fasten brechen, wenn er mit den Gästen ißt. Eine eigene Küche soll für sie bereitstehen. Man erweise dem Gast alle humanitas, alle Menschlichkeit. Das Menschsein verbindet ja Mönch und Fremden – und damit auch das Christussein (wie immer der Fremde auch sich selbst versteht). Christus wird in den Fremden verehrt, „der in ihnen in Wahrheit aufgenommen wird". Andererseits aber ist doch letztes Ziel der Gastfreundschaft, den Gast mitzunehmen zum eigentlichen Ziel des Klosters: ducantur ad orationem – die aufgenommenen Gäste sollen zum Gebet geführt und durch die Lesung der göttlichenWeisung erbaut werden. Andere Menschen auf den Weg der eigenen Gottsuche mitzunehmen, ihnen im Raum des eigenen Glaubens Gastfreundschaft zu gewähren, dürfte das Wesen aller klösterlichen Seelsorge ausmachen, in der sich der geschlossene Raum des Klosters weitet für sein Umland, für die Menschen, die nach Orientierung und Bildung, die nach Frieden, die nach Gott suchen.

Lobpreis des Abends

Auch der Abend im Kloster hat seinen besonderen Segen. Schon in der Nachmittagsstunde betet der Mönch um „den klaren Abend, aus dem das Leben niemals scheidet". In der Vesper flehen wir, von der Tageslast ermüdet:

„Mit deinem Segen nehme uns
die Nacht in ihre Ruhe auf.
Wenn unser letzter Tag sich neigt,
dann wehre Herr der Finsternis
und führe uns in deiner Huld
zum Licht, das keinen Abend kennt."

Im Loblied der Vesper, in der Stunde der untergehenden Sonne, kann der Tag und sein Werk als Vollendung gelobt werden, weil es Werk Gottes ist. Aller Gottesdienst (opus dei) ist ja Wirken Gottes in uns und an uns, aber eben auch durch uns, durch unsere Stimme, durch unsere Arbeit. Dieser Lobpreis gipfelt im Magnifikat, im Hochpreisen Marias, die den Herrn groß macht, weil er das Niedrige erwählt. So kann dann auch der Mönch im Nachtgebet, der Komplet, dem Abschluß des Tages, mit Simeon das Nunc dimittis singen: „Nun entläßt Du, Herr, Deinen Diener in Frieden."
Auch der Mönch kennt das Bedrängende und Beängstigende und die Anfechtungen der Nacht. Er kann sie gelassen annehmen und sich dem Dunkel überlassen, weil der den Herrn auch im Schlaf bei sich weiß und loben will. „Te corda nostra somnient, te per soporem sentiant – Dich mögen unsere Herzen träumen, Dich auch im Schlaf erfühlen." So wird auch der Schlaf, in dem wir dem kommenden Tag entgegenharren und in dem uns Gott mit neuer Kraft rüstet, Gottesdienst. Auch das dormitorium, der früher gemeinsame Schlafsaal der Mönche, ist ein geheiligter Raum, dem Benedikt ein eigenes Kapitel widmet.
Die Annahme der Nacht, daß alles versinken darf in Schlaf, ist zugleich auch Einübung ins gelassene Sterben. Der Tod, den täglich vor Augen zu haben Benedikt seinen Mönchen anempfiehlt und den er selbst bewußt erwartet und stehend erlitten hat, ist der Schritt in die Vollendung des ewigen Lebens, das der Mönch in heißem Begehren erwartet. Es ist das Eingehen in das letzte Schweigen und Stillwerden, in dem die Fülle wohnt. Von dieser Vollendung her erweist sich die Welt des Klosters als Ort des Segens, in den auch der Tod und die Toten einbegriffen sind. Zum Kloster gehören der Klosterfriedhof oder die Krypta, wo die vorausgegangenen Mitbrüder ruhen. Täglich wird ihrer im Gebet gedacht. Odilo (gest. 1048) hat in seinem Kloster Cluny zuerst das Allerseelengedenken in die Liturgie aufgenommen.
In dieser Gelassenheit kann der Mönch den Wechsel der Zeiten und seine Vergänglichkeit annehmen und das Kloster als einen Ort des Friedens erfahren, weil er Leben und Heil nicht von den Versprechungen der Mächte dieser Welt und den Paradiesen dieser Zeit, sondern von Gott und von der ewigen Vollendung in ihm erwartet.

Liebe Leserin, lieber Leser,

„...schade, daß diese Bilder nicht singen können“, schrieb ich einem Mönch, einem Freund, in dessen Kloster ich oft fotografieren durfte.
Fotografien zeigen Momente, Ausschnitte unseres Lebens und Schauens. Im Kloster aber, aus dem Wesen des klösterlichen Daseins, bestimmt das Hören und damit auch der Gesang den Ablauf eines Tages. Diese Einheit des Schauens und Hörens kann das Bild, die Fotografie freilich nicht wiedergeben.

Wenn ich müde bin, wenn ich ein Verlangen habe, dann greife ich in meinen „Klosterschatz“ – Bilder, Impressionen aus dem monastischen Leben. Ich betrachte sie und höre dazu gregorianische Gesänge. So entsteht ein Klangbild, so wird das Schauen auch ein Lauschen, ein in sich Hineinhören, eine Meditation. So schaffe ich mir mein kleines Klaustrum. So bleibt das Laute draußen und meine Unruhe fällt ins Leere.

Um solch schöne Erfahrung weitergeben zu können, habe ich Pastor Axel Kühl eingeladen und gebeten, den gregorianischen Gesang im Ablauf eines Klostertages festzuhalten. Ich meine, daß so mit Hilfe dieses virtuosen Tonmeisters und unter der musikalischen Leitung von Pater Johannes Berchmans Göschl OSB ein sehr schönes Klangbild entstanden ist.

Ihr

Hans-Günther Kaufmann

CD/DDD Gesamtzeit 75' **AGK** Bestell Nr. 12109
GREGORIANISCHER GESANG IM STUNDENGEBET EINES KLOSTERTAGES
Die Schola der Benediktinerabtei St. Bonifaz München
und der Benediktinerinnenabtei St. Hildegard Eibingen

Axel-Gerhard-Kühl-Verlag
94354 Haselbach bei Mitterfels
DM 36,– zuzüglich 5,– Porto/Verpackung